团 体 标 准

同向回转拉索技术指南

Technical Guideline of Plan Looping Cable

T/CHTS 10002—2018

主编单位：安徽省交通控股集团有限公司
发布单位：中国公路学会
实施日期：2018 年 06 月 19 日

人民交通出版社股份有限公司
China Communications Press Co.,Ltd.

图书在版编目(CIP)数据

同向回转拉索技术指南 / 安徽省交通控股集团有限公司主编. — 北京：人民交通出版社股份有限公司，2018.6

ISBN 978-7-114-13869-0

Ⅰ. ①同… Ⅱ. ①安… Ⅲ. ①斜拉桥—工程技术—指南 Ⅳ. ①U448.27-62

中国版本图书馆CIP数据核字(2018)第050670号

标准类型：	团体标准
标准名称：	同向回转拉索技术指南
标准编号：	T/CHTS 10002—2018
主编单位：	安徽省交通控股集团有限公司
责任编辑：	郭红蕊　韩亚楠
责任校对：	尹　静
责任印制：	张　凯
出版发行：	人民交通出版社股份有限公司
地　　址：	(100011)北京市朝阳区安定门外外馆斜街3号
网　　址：	http://www.ccpress.com.cn
销售电话：	(010)59757973
总 经 销：	人民交通出版社股份有限公司发行部
经　　销：	各地新华书店
印　　刷：	北京市密东印刷有限公司
开　　本：	880×1230　1/16
印　　张：	2.75
字　　数：	63千
版　　次：	2018年6月　第1版
印　　次：	2018年6月　第1次印刷
书　　号：	ISBN 978-7-114-13869-0
定　　价：	30.00元

(有印刷、装订质量问题的图书由本公司负责调换)

中国公路学会文件

公学字〔2018〕59号

中国公路学会关于发布《同向回转拉索技术指南》的公告

现发布中国公路学会标准《同向回转拉索技术指南》(T/CHTS 10002—2018),自 2018 年 6 月 19 日起实施。

《同向回转拉索技术指南》(T/CHTS 10002—2018)的版权和解释权归中国公路学会所有,并委托主编单位安徽省交通控股集团有限公司负责日常解释和管理工作。

中国公路学会

2018 年 6 月 18 日

前　言

同向回转拉索技术已成功应用于多座公路斜拉桥,在工程建设中逐步得到重视和肯定,并将得到进一步的推广。

本指南的编制参考了"同向回转拉索体系研究""同向回转拉索柱式塔斜拉桥关键技术研究"等项目的技术成果,结合多年工程建设的实践经验,并广泛吸取了相关单位和专家的意见。

本指南共分10章和4个附录,主要内容包括:总则,术语和符号,设计,型号与规格,技术要求,加工、制造,包装、标志、运输和储存,安装与养护,产品质量检验,工程质量检验。

指南实施过程中,请将发现的问题和意见、建议反馈至安徽省交通控股集团有限公司(地址:安徽省合肥市望江西路520号;联系方式:0551-63738184;电子邮箱:wangk510@ahjkjt.com),供修订时参考。

本指南由中国公路学会提出,受中国公路学会委托,由安徽省交通控股集团有限公司负责具体解释工作。

主编单位:安徽省交通控股集团有限公司

参编单位:同济大学、安徽省交通规划设计研究总院股份有限公司

主要起草人:胡可、杨晓光、曹光伦、刘志权、王凯、郑建中、石雪飞、阮欣、左敦礼、王胜斌、梅应华、马祖桥、何金武、黄维树、赵金磊、金松、段海澎、吴红波、袁助、胡泉、姜劲松、秦为广

主要审查人:李彦武、周海涛、鲍卫刚、赵君黎、侯金龙、秦大航、雷俊卿、吉林、刘元泉、李农

T/CHTS 10002—2018

目　次

1　总则	1
2　术语和符号	2
2.1　术语	2
2.2　符号	2
3　设计	4
3.1　总体设计	4
3.2　结构设计	4
3.3　抗磨蚀—疲劳设计	7
3.4　抗滑移设计	7
4　型号与规格	8
5　技术要求	10
5.1　一般规定	10
5.2　同向回转拉索	10
5.3　索体	10
5.4　锚具	12
5.5　分丝夹持型鞍座	12
5.6　定位器	14
6　加工、制造	15
6.1　一般规定	15
6.2　聚脲涂层钢绞线索股	15
6.3　分丝夹持型鞍座	15
6.4　环境保护	16
7　包装、标志、运输和储存	17
7.1　包装	17
7.2　标志	17
7.3　运输和储存	17
8　安装与养护	18
8.1　一般规定	18
8.2　安装	18
8.3　张拉	18
8.4　养护	18
9　产品质量检验	19
9.1　一般规定	19
9.2　进厂检验	19
9.3　型式检验	19
9.4　出厂检验	19
9.5　工地检验	20

9.6 质量标准 ··· 20
10 工程质量检验 ··· 23
附录A 同向回转拉索设计 ·· 24
附录B 同向回转拉索主要技术参数 ··· 28
附录C 同向回转拉索抗磨蚀—疲劳性能试验 ··· 29
附录D 分丝夹持型鞍座夹持性能试验 ··· 31
用词说明 ··· 33

同向回转拉索技术指南

1 总则

1.0.1 为加强对同向回转拉索的技术管理,统一同向回转拉索技术标准,促进同向回转拉索的推广应用,编制本指南。

1.0.2 本指南适用于公路斜拉桥用钢绞线拉索。

1.0.3 同向回转拉索技术除应符合本指南的规定外,尚应符合有关法律、法规及国家、行业现行有关标准的规定。

2 术语和符号

2.1 术语

2.1.1 同向回转拉索 plan looping cable

一种在斜拉桥上连续绕过索塔，锚固于索塔同一侧主梁上的拉索。

2.1.2 聚脲涂层钢绞线索股 polyurea-coated strand

表面涂覆聚脲材料的拉索用钢绞线，涂覆层由改性环氧底涂层和聚脲面层组成。

2.1.3 填充型环氧涂层钢绞线索股 filled epoxy-coated strand

采用环氧树脂完全填充外层及钢丝间隙的拉索用钢绞线。

2.1.4 分丝夹持型鞍座 saddle with separated pinching strand conduits

索塔上支撑拉索转向，并以V形分丝管夹持传递拉索径向及不平衡荷载的装置。

2.1.5 鞍座锚体 anchorage

内设集束V形分丝管的鞍座弧形构件，对拉索提供转向支撑和抗滑锚固作用。

2.1.6 V形分丝管 V-shaped separated strand conduit

集束设置于鞍座锚体内，用于穿过并夹持索股的V形小导管。

2.1.7 鞍座前导管 front guide pipe of saddle

设置于鞍座锚体的前端，穿过索塔塔壁，内设集束导线管的管道。

2.1.8 鞍座过渡管 transition pipe of saddle

设置于鞍座前导管前端，内设约束环、定位器的管道。

2.1.9 鞍座延伸管 extension pipe of saddle

设置于鞍座过渡管前端，套装于索套管外，供索套管伸缩的管道。

2.1.10 导线管 strand tube of saddle

集束设置于鞍座前导管内，用于定位并穿过索股的圆形小导管。

2.1.11 锚体填充料 filling grout in anchorage body

填充于鞍座锚体内部、分丝管之间的黏结材料，一般为水泥基材料。

2.2 符号

A_{pk}：钢绞线的公称截面面积(mm^2)；

D_n：钢绞线的公称直径(mm)；

f_{ptk}：钢绞线的抗拉强度标准值(MPa)；

f_{pm}：试验用钢绞线的实测极限抗拉强度平均值(MPa)；
σ：钢绞线的张拉应力值(MPa)；
$\Delta\sigma$：钢绞线的张拉应力幅值(MPa)。

3 设计

3.1 总体设计

3.1.1 同向回转拉索的使用应与斜拉桥的索塔相匹配,见图3.1.1。

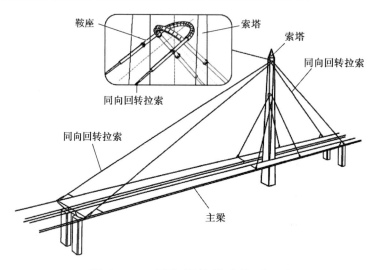

图3.1.1 同向回转拉索体系示意

3.1.2 同向回转拉索的定位应排列规则、互不干扰。定位设计应以索塔中轴线为基准,见图3.1.2。定位设计可参照本指南附录A的方法进行。

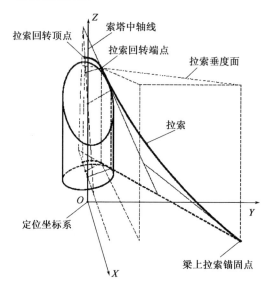

图3.1.2 同向回转拉索定位示意

3.2 结构设计

3.2.1 同向回转拉索由索体、锚具、分丝夹持型鞍座和定位器等组成,见图3.2.1。各部分的设计宜符合本指南附录B的有关规定。

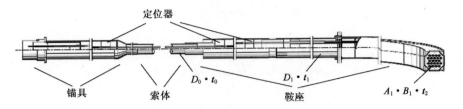

图 3.2.1 同向回转拉索结构示意

D_0、t_0-索套管外径、壁厚；D_1、t_1-鞍座前导管外径、壁厚；A_1、B_1、t_2-鞍座锚体宽度、高度、壁厚

3.2.2 索体设计应符合下列规定：

1 索体由按六边形排列的索股及索套管组成，见图3.2.2-1。不同型号索体中索股的排列设计应符合《无黏结钢绞线斜拉索技术条件》(JT/T 771)的有关规定。

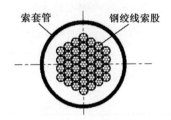

图 3.2.2-1 同向回转拉索索体截面示意

2 索股宜采用聚脲涂层钢绞线索股或填充型环氧涂层钢绞线索股。

3 聚脲涂层钢绞线索股与无黏结镀锌钢绞线索股可进行组合设计，见图3.2.2-2。设计应符合《无黏结钢绞线斜拉索技术条件》(JT/T 771)和本指南的有关规定。

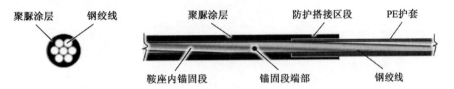

图 3.2.2-2 聚脲涂层钢绞线索股及其组合结构示意

4 按抗磨、防腐的需要，填充型环氧涂层钢绞线索股可按采用环氧涂层或环氧涂层外包PE(聚乙烯)护套两种防护形式进行设计，见图3.2.2-3。设计应符合《桥梁用填充型环氧涂层钢绞线拉索》(JT/T 1063)的有关规定。

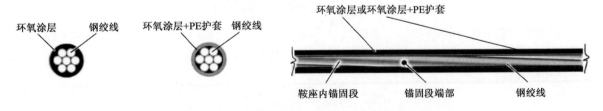

图 3.2.2-3 填充型环氧涂层钢绞线索股示意

3.2.3 锚具由锚板、夹片、调整螺母、过渡管、防护帽、防腐润滑脂、定位器等组成，过渡管由外壳管、定位浆体、穿线管、密封装置等组成，见图3.2.3。设计应符合《无黏结钢绞线斜拉索技术条件》(JT/T 771)或《桥梁用填充型环氧涂层钢绞线拉索》(JT/T 1063)的有关规定。

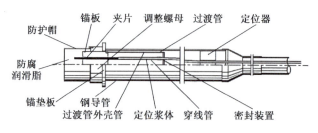

图 3.2.3 拉索张拉端锚具示意

3.2.4 分丝夹持型鞍座设计应符合下列规定：

1 分丝夹持型鞍座由鞍座锚体、鞍座前导管、鞍座过渡管、鞍座延伸管、定位器等组成，见图 3.2.4-1。设计应符合本指南的有关规定。

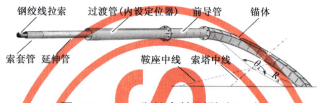

图 3.2.4-1 分丝夹持型鞍座示意

θ_a-鞍座锚体圆心角；R_a-鞍座锚体半径

2 鞍座锚体由外壳板、V形分丝管、定位板、填充料、连接法兰、剪力钉等组成，见图 3.2.4-2。设计宜符合本指南附录 B 的有关规定。

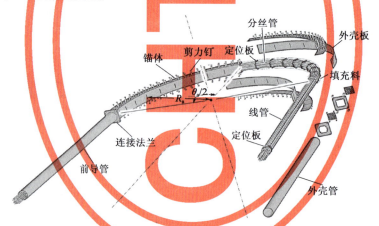

图 3.2.4-2 鞍座锚体及前导管示意

3 鞍座前导管设置于鞍座锚体与索塔外壁之间；鞍座过渡管、鞍座延伸管设置于索塔之外。鞍座前导管内应设置导线管，见图 3.2.4-2；鞍座过渡管内应设置索体定位器，见图 3.2.4-3；鞍座延伸管应预留索套管的纵向伸缩空间，见图 3.2.4-3。

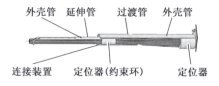

图 3.2.4-3 鞍座过渡管及延伸管示意

3.2.5 定位器设计应符合下列规定：

1 定位器设置于锚具钢导管和鞍座过渡管内，见图 3.2.3、图 3.2.4-3。两个定位器组合设置时，一个定位器可考虑采用约束环替代,见图3.2.4-3。

2 定位器设计应考虑拉索因索股转向、拉索自重、施工荷载、交通荷载、温度变化、拉索减振等产生的最大横向力。索股转向横向压力可按转向角度不大于25mrad计算。

3.3 抗磨蚀—疲劳设计

3.3.1 同向回转拉索抗磨蚀—疲劳设计应以系统抗磨蚀—疲劳性能试验确定。试验应按本指南附录C的有关规定执行。

3.4 抗滑移设计

3.4.1 同向回转拉索在鞍座锚体内应进行抗滑移设计。设计采用的鞍座两侧拉索不平衡拉力应根据结构计算确定。抗滑移安全系数k应不小于2。k值可按公式(3.4.1)计算。

$$k = \frac{\mu\theta}{\ln\left(\frac{F_1}{F_2}\right)} \tag{3.4.1}$$

式中：μ——鞍座分丝管对钢绞线索股的综合夹持系数；
θ——鞍座锚体圆弧段对应的圆心角(rad)；
F_1、F_2——鞍座两侧拉索拉力,$F_1 > F_2$。

3.4.2 分丝夹持型鞍座的V形分丝管对索股的综合夹持系数μ宜通过试验确定。试验可按本指南附录D的有关规定执行。无试验资料时,μ值可按公式(3.4.2)计算。

$$\mu = \frac{m}{\sin\left(\frac{\alpha}{2}\right)} \tag{3.4.2}$$

式中：α——鞍座分丝管对钢绞线的V形夹持角度(rad)；
m——鞍座分丝管与钢绞线索股之间的摩擦系数。

4 型号与规格

4.0.1 同向回转拉索和索体的型号与规格由拉索代号、索股钢绞线直径、索股代号、索股根数四部分组成(图4.0.1)。

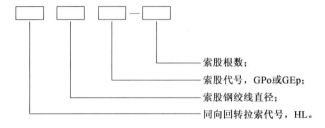

图 4.0.1

示例：
a) 43根公称直径15.2mm聚脲涂层钢绞线索股组成的拉索或索体，表示为HL15.2GPo-43；
b) 43根公称直径15.2mm填充型环氧涂层钢绞线索股组成的拉索或索体，表示为HL15.2GEp-43。

4.0.2 同向回转拉索锚具的型号与规格由锚具代号、索股钢绞线直径、索股代号、索股根数四部分组成(图4.0.2)。

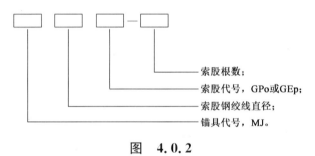

图 4.0.2

示例：
a) 43根公称直径15.2mm聚脲涂层钢绞线索股拉索的锚具，表示为MJ15.2GPo-43；
b) 43根公称直径15.2mm填充型环氧涂层钢绞线索股拉索的锚具，表示为MJ15.2GEp-43。

4.0.3 同向回转拉索分丝夹持型鞍座的型号与规格由鞍座代号、索股钢绞线直径、索股根数三部分组成(图4.0.3)。

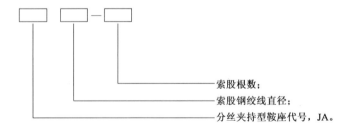

图 4.0.3

示例：
43根公称直径15.2mm钢绞线索股拉索的鞍座，表示为JA15.2-43。

4.0.4 同向回转拉索定位器的型号与规格由定位器代号、索股钢绞线直径、索股根数、定位器功能描述四部分组成(图4.0.4)。

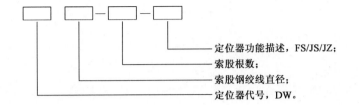

图 4.0.4

FS-分丝状态索体固定转向；JS-集束状态索体固定转向；JZ-集束状态索体阻尼转向

示例：

a) 43根公称直径15.2mm钢绞线索股拉索的定位器，对分丝状态下的索体起固定转向作用时，表示为DW15.2-43-FS；

b) 43根公称直径15.2mm钢绞线索股拉索的定位器，对集束状态下的索体起固定转向作用时，表示为DW15.2-43-JS；

c) 43根公称直径15.2mm钢绞线索股拉索的定位器，对集束状态下的索体起阻尼转向作用时，表示为DW15.2-43-JZ。

5 技术要求

5.1 一般规定

5.1.1 本指南规定了反映同向回转拉索特征的技术要求。同向回转拉索的技术要求除应符合本指南的有关规定外，尚应符合《无黏结钢绞线斜拉索技术条件》(JT/T 771)和《桥梁用填充型环氧涂层钢绞线拉索》(JT/T 1063)等的有关规定。

5.2 同向回转拉索

5.2.1 同向回转拉索的主要技术指标可参见本指南附录 B 表 B.0.1、《无黏结钢绞线斜拉索技术条件》(JT/T 771)附录 A 表 A.1 等。

5.2.2 同向回转拉索的索股应选用《预应力钢丝及钢绞线用热轧盘条》(GB/T 24238)中的 YL82B 热轧盘条或性能相当的盘条制作。

5.2.3 同向回转拉索在鞍座锚体部分的索股应耐腐蚀、耐磨蚀。

5.2.4 同向回转拉索进行抗磨蚀—疲劳性能试验时，性能应符合下列规定：

1 索股钢丝总数不足 100 丝时，折损应不超过 2 丝；索股钢丝总数达到或超过 100 丝时，折损应不超过实际丝数的 2%（带小数时四舍五入）。

2 索股护套不得折断、穿透；鞍座、锚具或其构件不得受损破坏。

3 试验后索股的剩余强度应不低于 $0.92f_{pm}$ 或 $0.95f_{ptk}$ 中的较大值。

5.3 索体

5.3.1 聚脲涂层钢绞线索股应符合下列规定：

1 采用的热镀锌钢绞线的公称截面面积 A_{ptk} 为 $140mm^2$，公称直径 D_n 为 15.2mm，抗拉强度标准值 f_{ptk} 为 1860MPa，其他技术指标应符合《无黏结钢绞线斜拉索技术条件》(JT/T 771)的有关规定。

2 聚脲涂层钢绞线索股的防护应符合下列规定：

1) 防护应由热镀锌层和聚脲涂层组成，见图 5.3.1-1。

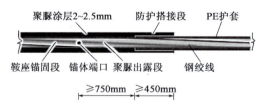

图 5.3.1-1 聚脲涂层钢绞线索股示意

2) 聚脲涂层由改性环氧底涂层和聚脲面层组成；改性环氧底涂层厚度应为 $45\sim60\mu m$，聚脲面层厚度应为 2~2.5mm；聚脲涂层出露鞍座锚体端口的长度应不小于 750mm，与无黏结镀锌钢绞线索股组合使用的聚脲涂层与 PE 护套的搭接长度应不小于 450mm。

3) 聚脲涂层材料的主要技术指标应符合本指南表5.3.1-1、表5.3.1-2的规定,其他技术指标应符合《喷涂聚脲防水涂料》(GB/T 23446)的有关规定。

表5.3.1-1 改性环氧底涂层材料主要技术指标

项 目	技 术 指 标
涂膜外观	漆膜光滑平整,无气泡,无孔
耐冲击性(kg·m)	≥0.9
附着力(与钢板,MPa)	≥12.5
耐温变(℃)	－40～180
耐酸性(10%H_2SO_4或10%HCl,30d)	无锈蚀,不起泡,不脱落
耐碱性(10%NaOH,常温,30d)	无锈蚀,不起泡,不脱落
耐盐水(30g/L,30d)	无锈蚀,不起泡,不脱落
耐盐雾(h)	≥1000
耐油性(0号柴油,原油,30d)	无锈蚀,不起泡,不脱落

表5.3.1-2 聚脲面层材料主要技术指标

项 目	技 术 指 标
涂膜外观	连续、均匀、饱满、无流挂、无损伤
拉伸强度(MPa)	≥18.5
断裂伸长率(%)	≥400
撕裂强度(kN/m)	≥80
耐冲击性(kg·m)	≥1.0
附着力(与钢板,MPa)	≥10
耐温变(℃)	－40～180
耐磨性(750g/500r,mg)	≤30
耐酸性(10%H_2SO_4或10%HCl,30d)	无锈蚀,不起泡,不脱落
耐碱性(10%NaOH,常温,30d)	无锈蚀,不起泡,不脱落
耐盐水(30g/L,30d)	无锈蚀,不起泡,不脱落
耐盐雾(h)	≥1000
耐油性(0号柴油,原油,30d)	无锈蚀,不起泡,不脱落

3 组合使用的无黏结镀锌钢绞线索股的防护应符合下列规定:

1) 防护应由热镀锌层、防腐润滑脂层、PE护套组成,见图5.3.1-2。

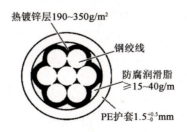

图5.3.1-2 无黏结镀锌钢绞线示意

2) 防腐润滑脂层应采用《无黏结预应力筋用防腐润滑脂》(JG/T 430)中的3号润滑脂,用量应不小于15g/m。

3) PE护套的厚度为$1.5^{+0.5}_{-0}$mm,与钢绞线之间的摩阻力应不大于3300N/m,其他技术指标应符合《无黏结钢绞线斜拉索技术条件》(JT/T 771)的有关规定。

5.3.2 填充型环氧涂层钢绞线索股应符合下列规定:

1 采用的钢绞线的公称截面面积A_{pk}为140mm²,公称直径D_n为15.2mm,抗拉强度标准值f_{ptk}为1860MPa,其他技术指标应符合《桥梁用填充型环氧涂层钢绞线拉索》(JT/T 1063)的有关规定。

2 填充型环氧涂层钢绞线的防护应符合下列规定:

1) 防护应由环氧涂层或环氧涂层外包PE护套组成,见图5.3.2。

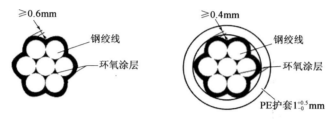

a) 单独使用环氧涂层防护的钢绞线　　b) 外包PE护套环氧涂层防护的钢绞线

图5.3.2 填充型环氧涂层钢绞线示意

2) 环氧涂层单独使用时厚度应不小于0.6mm,外包PE护套时厚度应不小于0.4mm,其他技术指标应符合《桥梁用填充型环氧涂层钢绞线拉索》(JT/T 1063)的有关规定。

3) PE护套的厚度为$1^{+0.5}_{-0}$mm,其他技术指标应符合《桥梁用填充型环氧涂层钢绞线拉索》(JT/T 1063)的有关规定。

5.3.3 索套管应具有良好防水效果,宜采用HDPE(高密度聚乙烯)圆管。HDPE圆管线膨胀系数为$10\times10^{-5}\sim20\times10^{-5}/℃$,其他技术指标应符合《无黏结钢绞线斜拉索技术条件》(JT/T 771)或《桥梁用填充型环氧涂层钢绞线拉索》(JT/T 1063)的有关规定。

5.4 锚具

5.4.1 锚具应与索股的结构、型号及规格相匹配。锚具的抗疲劳性能应符合本指南第5.2.4条的规定,密封性能应符合《无黏结钢绞线斜拉索技术条件》(JT/T 771)的有关规定,其他技术指标应符合《无黏结钢绞线斜拉索技术条件》(JT/T 771)或《桥梁用填充型环氧涂层钢绞线拉索》(JT/T 1063)的有关规定。

5.5 分丝夹持型鞍座

5.5.1 鞍座锚体应符合下列规定:

1 鞍座锚体应能均匀承受和传递拉索径向压力及锚体两端拉索不平衡力。

2 鞍座锚体内拉索的安装和更换应便捷,V形分丝管内应无灌浆和灌脂。

3 鞍座锚体圆弧内侧钢绞线索股处的半径应不小于2m。

4 V形分丝管的V形夹角宜为60°,对钢绞线索股的综合夹持系数应不小于0.4,见图5.5.1-1a)。

5 鞍座锚体两端应设置直线段，长度宜控制在200～250mm，分丝管在直线段内应偏移，释放对索股的夹持力，见图5.5.1-1b)。

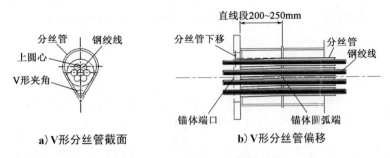

图5.5.1-1 V形分丝管示意

6 V形分丝管宜采用022Cr17Ni12Mo2不锈钢无缝钢管，管壁厚度应不小于1.5mm，其他技术指标应符合《结构用不锈钢无缝钢管》(GB/T 14975)的有关规定。

7 鞍座锚体外壳板、定位板、连接法兰宜采用Q345钢板，见图5.5.1-2，相应技术指标应符合《低合金高强度结构钢》(GB/T 1591)的有关规定。

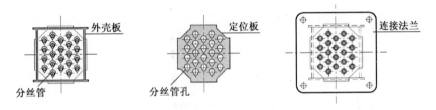

图5.5.1-2 鞍座锚体外壳板、定位板、连接法兰示意

8 鞍座锚体外壳板上应设置剪力钉。采用的圆柱头焊钉、焊接瓷环的技术指标应符合《电弧螺柱焊用圆柱头焊钉》(GB/T 10433)的有关规定。

9 鞍座锚体填充料应具有微膨胀性能，对周围材料无侵蚀，抗压强度不应小于50MPa，其他技术指标应符合《公路桥涵施工技术规范》(JTG/T F50)的有关规定。

5.5.2 鞍座前导管、鞍座过渡管及延伸管应符合下列规定：

1 鞍座前导管内的导线管应与鞍座锚体内的V形分丝管对应，见图5.5.2。鞍座过渡管内的索股偏转角度应不大于25mrad。鞍座延伸管的长度应能满足索套管伸缩的要求。

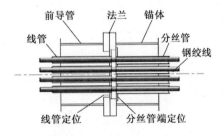

图5.5.2 鞍座前导管与鞍座锚体连接示意

2 导线管宜采用022Cr17Ni12Mo2不锈钢圆管，鞍座前导管、鞍座过渡管及延伸管的外壳管、定位板、连接法兰等宜采用Q345钢管或钢板。

5.5.3 分丝夹持型鞍座的钢结构应进行防腐处理。防腐涂装应符合《公路桥梁钢结构防腐涂装技术条件》(JT/T 722)的有关规定。埋入混凝土零部件可采用热镀锌、热浸锌、喷锌铝合金防腐；外露零部件宜采用镀铬或不锈钢材防腐。

5.5.4 分丝夹持型鞍座的抗磨蚀—疲劳性能应符合本指南第5.2.4条的有关规定。分丝夹持型鞍座的夹持性能应符合本指南第3.4.1条、第3.4.2条、第5.5.1条的有关规定。

5.6 定位器

5.6.1 定位器的Q345钢材、HDPE和橡胶等材料应符合《无黏结钢绞线斜拉索技术条件》(JT/T 771)或《桥梁用填充型环氧涂层钢绞线拉索》(JT/T 1063)的有关规定。

5.6.2 定位器的外观、尺寸应符合设计规定。防腐涂装应符合《公路桥梁钢结构防腐涂装技术条件》(JT/T 722)的有关规定。

6 加工、制造

6.1 一般规定

6.1.1 本指南规定了反映同向回转拉索特征的加工、制造。同向回转拉索的加工、制造除应符合本指南的有关规定外，尚应符合《公路桥涵施工技术规范》(JTG/T F50)等的有关规定。

6.1.2 实施方案应进行审查，关键工艺应进行评定，设备、器具应定期查验，材料、产品应进行质量检验。

6.2 聚脲涂层钢绞线索股

6.2.1 聚脲涂层钢绞线与无黏结镀锌钢绞线组合索股的加工应符合下列规定：

1 测量和标记索股、聚脲喷涂、剥除 PE 护套等的起终点时，环境应稳定。

2 剥除索股 PE 护套时，应采用专用工具。

3 清洗喷涂区段的钢绞线及 PE 护套时，采用的清洗料应稳定、无腐蚀性。

4 喷涂聚脲涂层时，应同步监测索股直径、涂层厚度，并记录缺陷及位置。

5 每根索股加工完成后可切断，两端加保护帽后收卷包装并标志。索股也可不切断，在标志、标记并预留工作长度后继续加工，最后收卷包装并标志，安装时再按标记下料。

6.2.2 聚脲涂层钢绞线单一索股的加工可参照本指南第 6.2.1 条的有关规定执行。

6.3 分丝夹持型鞍座

6.3.1 V 形分丝管、导线管加工应符合下列规定：

1 V 形分丝管宜采用圆形不锈钢无缝钢管加工制成；导线管可采用圆形不锈钢管切割制成。

2 V 形分丝管加工可采用挤压、滚压、冷拉工艺，将圆管加工为夹持形状，再采用滚压工艺，将直管加工成弯曲形状。

3 V 形分丝管加工后，纵轴线应无翘曲，横截面应无畸变或扭转。

6.3.2 钢板件加工应符合下列规定：

1 钢板件切割宜采用数控切割工艺，制孔宜采用钻孔或数控切割工艺。

2 钢板件切割面、制孔面应与表面垂直，钢板件对接焊缝宜与鞍座轴线垂直。

3 定位板、法兰盘加工时应设置 V 形分丝管、导线管定位用十字对称轴等标记。

6.3.3 组装与焊接应符合下列规定：

1 V 形分丝管、导线管、钢板件等零部件制备齐全并经检查合格后，方可进行构件或单元件的组装和焊接。钢板件焊接应满足Ⅱ级及以上焊缝要求，剪力钉焊接应符合《电弧螺柱焊用圆柱头焊钉》(GB/T 10433)的有关规定。

2 组装和焊接应采用可控制组装精度和焊接变形的专用工作台架和装备。

3 法兰盘的组装和焊接宜在最后进行。法兰盘组装和焊接时,应预控制V形分丝管与导线管的管口对齐。

4 鞍座锚体、鞍座前导管组装和焊接后,应对V形分丝管进行二次精确切割,并对V形分丝管管口、导线管管口以及连接装置进行光圆处理。处理后的管口及内壁应光滑,错台及端口过渡应圆滑。

5 鞍座锚体组装和焊接后,应对两端部进行临时连接,锁定形状。

6.3.4 试穿索与试拼装应符合下列规定:

1 鞍座锚体组装与焊接后,应对每个V形分丝管进行试穿索。试穿索应采用与实桥同规格的索股,可采用人工推送方法进行。

2 对第一次试穿索不过的V形分丝管,可采用辅助措施进行第二次试穿索。两次试穿索不过的应予以更换。

3 试穿索完成后,应对每个分丝夹持型鞍座进行整体试拼装。试拼装可采用水平拼装方式进行。

4 对轴线偏位超过规定的分丝夹持型鞍座,可采用辅助措施进行轴线调整。调整不过的应予以返工或更换。

5 对V形分丝管与导线管对位偏差超过规定的分丝夹持型鞍座,应予以返工或更换。

6.3.5 鞍座锚体压浆应符合下列规定:

1 整体试拼装检验合格后方可进行鞍座锚体压浆。压浆可利用鞍座锚体内设的定位板分隔舱进行。

2 压浆中造成的钢结构污染应及时清理。浆体强度达到设计强度的85%后方可起吊、移运鞍座锚体。

6.3.6 防腐应符合下列规定:

1 分丝夹持型鞍座钢结构的防腐宜在工厂内一次性完成。

2 钢板件加工前宜喷涂一道干膜厚度20μm的车间底漆。

3 防腐应按确定的工艺进行;防腐层的质量应逐一检查;防腐层稳定后方可起吊、移运鞍座构件。

6.4 环境保护

6.4.1 加工、制造应在工厂内进行,并应合理安排作业时间,控制声光污染。

6.4.2 聚脲等喷涂应在工厂具有防护措施的封闭场所内以机械化的方式进行。

6.4.3 加工、制造产生的废料和余料应妥善分类收集,并应统一回收和处理。

7 包装、标志、运输和储存

7.1 包装

7.1.1 包装应符合《重型机械通用技术条件 第13部分：包装》(JB/T 5000.13)的有关规定和其他事先的约定。

7.1.2 索股出厂时应卷盘包装，卷盘内径应不小于1.1m。卷盘捆扎应结实，并不少于6道。聚脲涂层应重点防护。

7.2 标志

7.2.1 产品应有质量合格证明，并应标志下列内容：

1 编号，型号，名称，规格，重量。
2 安装标记。
3 厂名，厂址，批号，生产日期。
4 工程项目名称。

7.3 运输和储存

7.3.1 产品在运输、存储过程中均应妥善保护，避免锈蚀、污染、损伤或散失。

7.3.2 分丝夹持型鞍座在运输过程中应摆放平整，固定牢靠，避免变形和损伤。

8 安装与养护

8.1 一般规定

8.1.1 本指南规定了反映同向回转拉索特征的安装与养护。同向回转拉索的安装与养护除应符合本指南的有关规定外，尚应符合《公路桥涵施工技术规范》(JTG/T F50)、《公路桥涵养护规范》(JTG H11)等的有关规定。

8.1.2 实施方案应进行审查，设备、器具应得到查验，工程应进行质量检验。

8.2 安装

8.2.1 分丝夹持型鞍座的安装可单个进行，也可成组进行。

8.2.2 分丝夹持型鞍座的安装宜采用劲性骨架进行定位与固定。劲性骨架的使用应考虑分丝夹持型鞍座的重量、尺寸、空间位置等条件。

8.2.3 索股的安装应采用推送方法逐根进行，并应在索股上预设安装定位标记。

8.2.4 HDPE索套管安装前应进行现场焊接工艺试验，焊接合格率应达到100%。

8.2.5 定位器等构件的安装不得挤压和损伤索套管等构件。

8.2.6 安装完成后应进行索套管等的检查，受损部分或构件应进行修复或更换。

8.3 张拉

8.3.1 同向回转拉索的张拉应对称同步进行，宜采用逐根张拉方法按下列步骤进行：

1 先逐根等值张拉索股至一中间张力，同步测量索股的张力及张力变化。

2 由测量结果推算索股下一步张拉力，再逐根等值张拉索股至设计张力。

8.3.2 设计无要求时，索力偏差应符合下列规定：

1 张拉索力偏差应不超过设计值的±2.5%，张拉索股力偏差应不超过设计值的±1%。

2 成桥索力偏差应不超过设计值的±5%。

8.4 养护

8.4.1 同向回转拉索的更换应采用推送方法逐根进行。拉索的状态宜连续进行监测。

9 产品质量检验

9.1 一般规定

9.1.1 同向回转拉索产品质量检验分为进厂检验、型式检验、出厂检验和工地检验。

9.2 进厂检验

9.2.1 进厂检验为产品用原材料及外加工件进厂时的质量检验。聚脲材料的进厂检验应符合本指南第 5.3.1 条的有关规定,其他原材料及外加工件的进厂检验应符合现行国家、行业标准的有关规定。

9.2.2 进厂检验中,不合格的原材料及外加工件严禁使用。

9.3 型式检验

9.3.1 型式检验为对产品全面性能进行的控制性检验,由具有相应资质的检测机构进行。有下列情况之一时,应进行产品的型式检验:

1. 新产品定型、老产品转产鉴定时。
2. 正式生产后,如结构、材料、工艺有较大改变,可能影响产品性能时。
3. 正常生产时,每 5 年进行 1 次。
4. 停产 2 年后,恢复产品的生产时。
5. 出厂产品较型式检验样品差异较大时。
6. 国家或省级质量监督机构要求时。

9.3.2 型式检验宜按本指南表 9.3.2 的规定执行。

表 9.3.2 同向回转拉索产品型式检验

检验项目		技术要求	检验方法	取样规定
拉索抗磨蚀—疲劳性能		5.2.4	附录 C	1
锚具	锚固性能	5.4.1	JT/T 771,JT/T 1063	3
	密封性能	5.4.1	JT/T 771,JT/T 1063	1
鞍座夹持性能		5.5.4	附录 D	1

9.3.3 应联合进行拉索抗磨蚀—疲劳性能和鞍座夹持性能试验。当有一子项不合格,则直接判定产品不合格。

9.4 出厂检验

9.4.1 出厂检验为每批产品出厂前的质量检验,宜按本指南表 9.4.1 的规定执行。

表9.4.1 同向回转拉索产品工厂检验

检验项目		技术要求	检验方法	取样规定
索体	索股机械性能	5.3.1,5.3.2	JT/T 771,JT/T 1063	每批1组
	索套管外观、尺寸	5.3.3	JT/T 771,JT/T 1063,GSB 05-1426	10%
锚具	外观、尺寸、涂装	5.4.1	JT/T 771,JT/T 1063,JT/T 722,GSB 05-1426	10%
	互换性	5.4.1	JT/T 771,JT/T 1063	10%
	硬度	5.4.1	JT/T 771,JT/T 1063	100%
	超声波和磁粉探伤	5.4.1	JT/T 771,JT/T 1063	100%
鞍座	外观、尺寸、涂装	5.5.1,5.5.2,5.5.3	JT/T 771,JT/T 1063,JT/T 722,GSB 05-1426	10%
	超声波探伤	6.3.3	JTG/T F50	100%
定位器	外观、尺寸、涂装	5.6.2	JT/T 771,JT/T 1063,JT/T 722	10%

9.4.2 可分别进行索股和鞍座的出厂检验。按以下规则进行质量判定：

1 索股或鞍座中，当有一子项检验不合格，则判定该盘索股或该件鞍座产品不合格。

2 再从未试验过的同批产品中取2倍试件进行不合格子项复检，若仍有一子项不合格，则判定该批产品不合格。

9.4.3 出厂检验的不合格产品，生产厂可以重新处理，作为新的一个批次提交验收。

9.5 工地检验

9.5.1 工地检验为每批产品运至工地后的质量检验，宜按本指南表9.5.1的规定执行。

表9.5.1 同向回转拉索产品工地检验

检验项目		技术要求	检验方法	取样规定
拉索	包装、标志	7.1,7.2	目测，尺测，JB/T 5000.13	100%
索体	索股机械性能	5.3.1,5.3.2	JT/T 771,JT/T 1063	每批1组
	索套管外观、尺寸	5.3.3	JT/T 771,JT/T 1063,GSB 05-1426	10%
锚具	外观、尺寸、涂装	5.4.1	JT/T 771,JT/T 1063,JT/T 722,GSB 05-1426	10%
	互换性	5.4.1	JT/T 771,JT/T 1063	10%
鞍座	外观、尺寸、涂装	5.5.1,5.5.2,5.5.3	JT/T 771,JT/T 1063,JT/T 722,GSB 05-1426	10%
定位器	外观、尺寸、涂装	5.6.2	JT/T 771,JT/T 1063,JT/T 722	10%

9.5.2 可分别进行索股和鞍座的工地检验。质量判定的规则同本指南第9.4.2条。

9.5.3 工地检验的不合格产品，接收方应进行退回处理，并提出具体改正要求。

9.6 质量标准

9.6.1 产品质量检验采用的质量标准除应符合本指南表9.6.1-1～表9.6.1-4的有关规定外，尚应符合现行国家、行业标准的有关规定。

表 9.6.1-1 索股聚脲涂层加工质量标准

项次	检验项目	规定值或允许偏差
1	聚脲涂层长度(mm)	不小于设计值
2	聚脲涂层与PE护套搭接段长度(mm)	±10
3	改性环氧底涂层厚度(μm)	不小于设计值,且不小于45
4	聚脲面层厚度(mm)	0,0.5
5	改性环氧底涂层表观质量	连续均匀、无流挂
6	聚脲面层表观质量	连续、均匀、饱满、无流挂、无损伤

表 9.6.1-2 鞍座前导管钢结构加工质量标准

项次	检验项目	规定值或允许偏差
1	导线管截面尺寸(mm)	±0.2
2	导线管轴线长(mm)	±5
3	外壳管轴线长(mm)	±5
4	钢板件几何尺寸(mm)	±1
5	钢板件平面度(mm)	2
6	钢板件制孔尺寸(mm)	0~0.2
7	钢板件制孔位置及间距(mm)	±0.5
8	导线管出口位置(mm)	1
9	导线管口及连接装置	光滑,圆滑
10	前导管边线偏离设计边线(mm)	5
11	法兰盘对接间隙(mm)	1

表 9.6.1-3 鞍座过渡管、延伸管钢结构加工质量标准

项次	检验项目及子项目	规定值或允许偏差
1	外壳管轴线长(mm)	0~50
2	钢板件几何尺寸(mm)	±1
3	钢板件平面度(mm)	2
4	管体边线偏离设计边线(mm)	5
5	法兰盘对接间隙(mm)	1

表 9.6.1-4 鞍座锚体钢结构加工质量标准

项次	检验项目	规定值或允许偏差
1	V形分丝管截面外形尺寸(mm)	−0.2~0
2	V形分丝管夹持角度(°)	±2.5
3	V形分丝管解压偏移量(mm)	1
4	钢板件几何尺寸(mm)	±1
5	钢板件平面度(mm)	1
6	钢板件制孔尺寸(mm)	0~0.2

表 9.6.1-4（续）

项次	检验项目	规定值或允许偏差
7	钢板件制孔位置及间距(mm)	±0.5
8	V形分丝管出口位置（mm）	1
9	V形分丝管口及连接装置	光滑,圆滑
10	鞍座锚体内弧线弦长(mm)	±5
11	鞍座锚体内弧线矢高(mm)	±5
12	鞍座锚体内弧线偏离设计弧线(mm)	5
13	外壳板内外侧板与顶底板垂直度(mm)	1.5
14	法兰盘与外壳板垂直度(mm)	1.5
15	法兰盘面平面度(mm)	0.5

10 工程质量检验

10.0.1 同向回转拉索的工程质量检验应按《公路桥涵施工技术规范》(JTG/T F50)、《公路工程质量检验评定标准》(JTG/T F80)的有关规定执行。

10.0.2 工程质量检验采用的质量标准除应符合本指南表10.0.2-1、表10.0.2-2的有关规定外,尚应符合《公路桥涵施工技术规范》(JTG/T F50)、《公路工程质量检验评定标准》(JTG/T F80)的有关规定。

表10.0.2-1 鞍座安装质量检验

项次	检验项目	规定值或允许偏差	检验方法和频率
1	鞍座锚体高程(mm)	±5	测量仪器,每个顶点和出口
2	鞍座锚体平面位置(mm)	±10	测量仪器,每个顶点和出口
3	鞍座前导管出口高程(mm)	±5	测量仪器,每个出口
4	鞍座前导管出口平面位置(mm)	±10	测量仪器,每个出口
5	法兰盘对接间隙(mm)	≤3	游标卡尺、塞尺,每个接口
6	鞍座前导管外形	不得出现磕碰变形	目测,每个导管

表10.0.2-2 斜拉索安装与张拉质量检验

项次	检验项目	规定值或允许偏差	检验方法和频率
1	钢绞线索股PE护套	不得破损	目测,逐根
2	拉索索套管	不得破损	目测,逐根
3	索股标记点与鞍座前导管出口距离偏差(mm)	±50	直尺,逐根
4	法兰盘对接	接缝密闭	目测,逐个
5	成桥索力与设计值偏差	±5%	10%抽检,测量仪器或抽拔

附录 A 同向回转拉索设计

A.1 概述

A.1.1 设计虚拟一个与索塔同轴的圆筒,拉索垂度面与其相切,形成位置固定的竖直切线,以此构成定位的基准。调整虚拟圆筒半径,可控制鞍座顶点位置变化,见图 A.1.1。

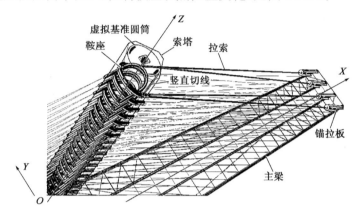

图 A.1.1 基准圆筒示意

A.2 设计坐标系

A.2.1 同向回转拉索设计按以下规定建立坐标系,见图 A.2.1:

1 坐标系原点为塔上中线±0m处。X 轴为顺桥向,Y 轴为横桥向,Z 轴为竖向。

2 拉索上端点为鞍座圆弧端点 b。左右拉索顶切线交于 j 点并构成鞍座定位面。

3 拉索下端点为梁上拉索锚点 g。拉索下端点切线为锚拉板轴线。

4 梁上横隔板中面垂直于梁顶面。锚拉板主板平行于桥面纵轴线。

A.3 设计参数

A.3.1 同向回转拉索设计选择以下设计已知参数,见图 A.2.1。

1 拉索梁上锚固点至梁顶垂距 D'_g。

2 索、梁顶面交点至梁中平距 Y'_t;索、梁隔板交点对应桥面设计高程点至塔轴纵距 X_e;索、梁隔板交点至梁顶垂距 D'_c。

3 鞍座圆弧顶点控制坐标 X'_a、Z'_a;鞍座圆弧控制半径 R'_a。

A.3.2 同向回转拉索设计选择以下设计待定参数,见图 A.2.1:

1 拉索 a、b、g、t 点坐标,悬链线参数 α、β。

2 鞍座锚体半径 R_a、圆心角 θ_a、斜度 α'。

3 基准圆筒半径 R_s、切线夹短弧圆心角 θ_s。

4 梁段顶正倾角 i_c，索相对梁顶位置 β_c、β'_c。

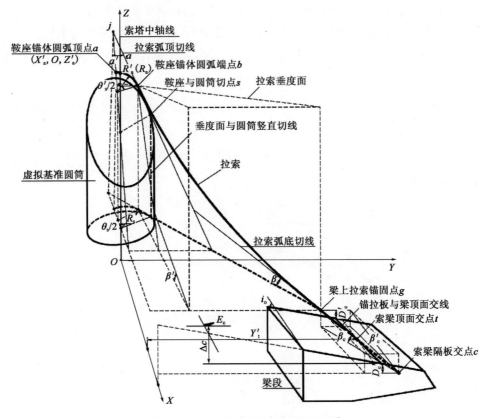

图 A.2.1 拉索设计坐标系示意

A.4 设计过程

A.4.1 拉索初始定位

1 在 X-O-$Y(Z)$ 坐标系中，初设 c、s 两点为悬链线两端点。以计算和借用方式补全 c、s 两点待定坐标值部分。由此建立初始定位模型，计算拉索定位参数，作为后续精确修正的基础。具体实施步骤如下：

1) 对 c 点，$X'_c = E_c + (\Delta_c + D_c) \cdot \sin(i_c)$；借用近处 t 点坐标，$Y'_c = Y'_t$；$Z'_c = E_c - (\Delta c + D_c) \cdot \cos(i_c)$，见图 A.4.1。

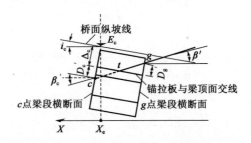

图 A.4.1 拉索梁上设计参数示意（一）

2) 基准圆筒借用鞍座初始半径，$R_s = R'_a$，由 $R_s = Y'_c \cdot \sin(\theta_s/2) - X'_c \cdot \cos(\theta_s/2)$ 粗略计算出拉索与基准圆筒相切的方向 θ_s。

3) 对 s 点，$X_s = -R_s \cdot \cos(\theta_s/2)$；$Y_s = R_s \cdot \sin(\theta_s/2)$；借用近处 a 点坐标，$Z_s = Z'_a$。

各式中，i_c 为梁段顶面正倾角；X'_c、Y'_c、Z'_c、D_c 为 c 点假设为悬链线下端点时的坐标和限位（D_c 初值取 D'_c），定位计算中将不断修正；E_c 为桥面设计高程，由既定的桥面竖曲线对应 X_c 自动计算；Δc 为桥面设计高程点与 c 点对应梁顶之间的高差；X_s、Y_s、Z_s 为 s 点假设为悬链线上端点时坐标。

2 在拉索垂度面内，根据拉索张力 σ、材料重度 γ、竖向投影高度 f、水平投影长度 L，可构建拉索悬链线方程，计算出参数 α、β，并由 θ_s 进一步计算出参数 α'、β'。

3 在鞍座斜置面上，由 $\theta_a = 2 \times \arctan[\tan(\theta_s/2)/\sin\alpha']$ 计算鞍座圆心角 θ_a。再由 $X_j = -R_s/\cos(\theta_s/2)$，$Y_j = 0$，$Z_j = Z_s + (X_s - X_j)\cot\alpha'$；$X_b = X_j + R_a \cdot \tan(\theta_a/2) \cdot \sin(\theta_a/2) \cdot \sin\alpha'$，$Y_b = R_a \cdot \sin(\theta_a/2)$，$Z_b = Z_j - (X_b - X_j)\cot\alpha'$ 计算两切线交点 j 和鞍座锚体圆弧端点 b 坐标。

A.4.2 塔上调整定位

1 移悬链线定位上端点至其真正位置，鞍座锚体圆弧端点 b 上。

2 更新 α、α'、Z_j、θ_a；调整鞍座半径，$R_a = L_b \cdot \cot(\theta_a/2)$，$L_b$ 为 b 点至 j 点空间长度。

3 a 点坐标 $X_a = X_b - R_a[1 - \cos(\theta_a/2)]\sin\alpha'$，$Y_a = 0$，$Z_a = Z_b + (X_b - X_a)\cot\alpha'$，与已知条件形成对比。

A.4.3 塔上修正定位

1 Z_a 与 Z'_a 之间的偏差通过修正 Z_s 消除。

2 X_a 与 X'_a 之间的偏差通过修正 R_s 消除。

A.4.4 梁上调整定位

1 移悬链线下端点至其真正位置 g 点，见图 A.4.4。

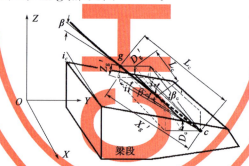

图 A.4.4 拉索梁上设计参数示意（二）

2 在拉索垂度面内，根据悬链线方程计算 g 点至 c 点水平、竖向距离 X'_g、Z'_g，换算拉索垂度面内梁段顶面倾角 i。各参数满足 $X'_g \cdot \sin i + Z'_g \times \cos i = D'_g + D_c$。

3 由 $X_g = X'_c - X'_g \cdot \sin(\theta_s/2)$，$Y_g = Y'_c - X'_g \cdot \cos(\theta_s/2)$，$Z_g = Z'_c + Z'_g$ 计算 g 点坐标。

4 由 $X_t = X_g + L_t \cdot \cos\beta'$，$Y_t = Y_g + L_t \cdot \cos\beta'/\tan(\theta_s/2)$，$Z_t = Z_g - L_t \cdot \sin\beta'$ 计算 t 点坐标。$L_t = D'_g/\sin\beta'_c$，$\beta'_c = \beta' + i_c$。

5 由 g 点切线，按 $X_c = X_g + L_c \cdot \cos\beta \cdot \sin(\theta_s/2)$，$Y_c = Y_g + L_c \cdot \cos\beta \cdot \cos(\theta_s/2)$，$Z_c = Z_g - L_c \cdot \sin\beta$ 更新 c 点坐标。$L_c = [X'_g \cdot \cos i - Z'_g \cdot \sin i]/\cos\beta_c$，为 c 点至 g 点空间长度。$\beta_c = \beta + i$。

A.4.5 梁上修正定位

1 Y_t 与 Y'_t 之间的偏差通过修正 Y'_c 消除。

2 Z_c 与 Z'_c 之间的偏差通过修正 D_c 消除。

A.4.6 综合设计

拉索定位计算完成后，进行包括拉索后续设计参数和材料数量计算的拉索综合设计，见图 A.4.6。

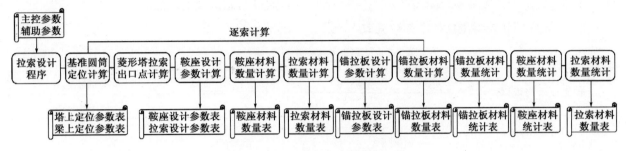

图 A.4.6 拉索设计主要过程

附录 B 同向回转拉索主要技术参数

B.0.1 同向回转拉索主要技术参数见表B.0.1。

表 B.0.1 同向回转拉索主要技术参数

拉索型号与规格	拉索HDPE索套管（mm） $D_0 \cdot t_0$	鞍座前导管（mm） $D_1 \cdot t_1$	鞍座锚体（mm） $A_1 \cdot B_1 \cdot t_2$
HL15.2GPo-22 HL15.2GEp-22	160×5	299×8	271×278×8
HL15.2GPo-27 HL15.2GEp-27	160×5	325×8	318×359×8
HL15.2GPo-31 HL15.2GEp-31	160×5	325×8	318×359×8
HL15.2GPo-37 HL15.2GEp-37	180×5.6	356×8	365×359×8
HL15.2GPo-43 HL15.2GEp-43	200×6.2	406×9	365×441×8

注：
a）本表技术参数适用于公称直径15.2mm，标准抗拉强度1860MPa的钢绞线拉索；
b）当拉索规格与本表不相同时，应选择邻近的较大规格；
c）当拉索规格超过本表范围时，应进行尺寸的重新设计；
d）表中符号示意见图B.0.1。

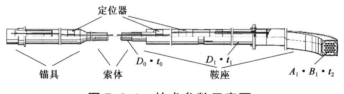

图 B.0.1 技术参数示意图

附录C 同向回转拉索抗磨蚀—疲劳性能试验

C.1 试验设备

C.1.1 同向回转拉索抗磨蚀—疲劳性能试验可采用卧式试验台座，见图 C.1.1。台座内鞍座圆心角 α 一般为 120°～180°，台座下安装滚动装置，台座前设置水平加载助动器。

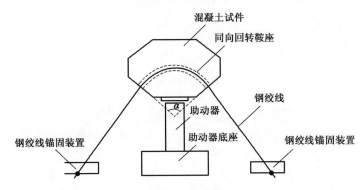

图 C.1.1 抗磨蚀—疲劳性能试验系统示意

C.2 试件

C.2.1 钢绞线索股送检试件数量为试验需要数量的 1.2 倍，安装试件从送检试件中随机选取。

C.3 试验步骤

C.3.1 试验应在室内、常温的环境下进行。

C.3.2 试验设备安装步骤如下：

 1 安装试验台座。安装时，台座中轴线与助动器应处于同一直线，台座上鞍座出口点、索股锚固点对称偏差应不超过±2mm，鞍座顶点与索股锚固点连线的距离与偏差应控制在－5～0mm 以内。

 2 临时固定安装完成后的试验台座，避免安装钢绞线索股试件时发生扰动。

 3 安装钢绞线索股试件。安装采用推送式方法将钢绞线索股试件逐一穿入指定的分丝管内。安装时，应注意保护试件防护层，并控制试件防护段正确设置于分丝管内。

 4 预紧钢绞线索股试件。预紧张拉应在两侧对称进行，张拉应力应不大于 200MPa。

C.3.3 抗磨蚀—疲劳性能试验步骤如下：

 1 加载准备。在试验台座前端对称中线位置布置两台动态位移计，对台座的姿态进行监测，确保加载过程中台座沿轴线运动。监测开始后解除临时固定设施。

 2 预加载。助动器由零载分 5 级加载增至试验最大荷载，再分 5 级降至零载。反复调试系统，直至工作正常。

 3 正式加载。系统调试完毕后，助动器分 5 级加载至拉索疲劳上限应力 σ 为 $0.45 f_{ptk}$，开始循环加载。荷载循环对应的钢绞线索股试件应力幅 $\Delta\sigma$ 为 200MPa。

4 荷载循环次数 500 次以上,系统处于稳定状态后,撤除监测设备。

5 荷载循环达到 200 万次时,分 5 级将助动器卸载,完成疲劳试验。

C.3.4 抗磨蚀—疲劳性能试验后的拉索静力试验步骤如下:

1 调整抗磨蚀—疲劳性能试验后的设备和试件至符合拉索静力试验的吨位和行程等要求。

2 在试验台座前端及钢绞线索股试件锚具后端设置安全防护设施。

3 分 5 级缓慢加载至钢绞线索股试件应力达到 $0.8f_{ptk}$。

4 继续缓慢加载,直至钢绞线索股试件最大抗拉强度。

C.4 试验数据处理

C.4.1 试验过程中,应按照《无黏结钢绞线斜拉索技术条件》(JT/T 771)附录 D 的规定做好测量、观察、记录、试验数据的处理,编制试验报告,按本指南第 5.2.4 条的规定提出明确结论。

附录 D 分丝夹持型鞍座夹持性能试验

D.1 试验设备

D.1.1 分丝夹持型鞍座夹持性能试验可采用与本指南附录 C 相同的卧式试验台座,见图 D.1.1。钢绞线索股试件张拉端设置千斤顶。

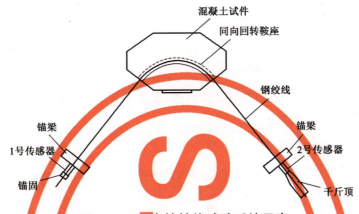

图 D.1.1 夹持性能试验系统示意

D.2 试件

D.2.1 钢绞线索股送检试件数量应不少于 4 根,安装试件从送检试件中随机选取 3 根。

D.2.2 有条件时,应另外随机选取 3 根抗磨蚀—疲劳性能试验后的钢绞线索股对照试件。

D.3 试验步骤

D.3.1 试验应在室内、常温的环境下进行。

D.3.2 试验设备安装步骤如下:

1 安装台座。安装时,台座中轴线应居中,台座上鞍座出口点、索股锚固点对称偏差应不超过 ±2mm,鞍座顶点与索股锚固点连线的距离与偏差应控制在 −5～0mm 以内。

2 固定安装完成后的试验台座。

3 安装钢绞线索股试件。安装采用推送式方法将钢绞线索股试件逐一穿入指定的分丝管内。安装时,应注意保护试件防护层,并控制试件防护段正确设置于分丝管内。

4 安装钢绞线索股试件上锚固端压力传感器和锚具、张拉端压力传感器和千斤顶。

5 预紧钢绞线索股试件。预紧张拉在张拉端进行,张拉力应不大于 2kN。

D.3.3 试验步骤如下:

1 接通钢绞线索股试件两端压力传感,按不低于 10Hz 的频率连续采集数据。

2 按不大于 0.5kN/s 的速率均匀加载,至钢绞线索股试件张拉端传感器读数开始减小或其读数达到 195kN。

3 按不大于0.5kN/s的速率均匀卸载。

D.4 试验数据处理

D.4.1 试验过程中,应按规定做好测量、观察、记录、试验数据的处理,编制试验报告,提出明确结果。

D.4.2 加载过程中,任一时刻鞍座的实时夹持系数$\mu(t)$可按式(D.4.2)计算。

$$\mu(t) = \frac{1}{\theta}\ln\left[\frac{F_1(t)}{F_2(t)}\right] \tag{D.4.2}$$

式中： θ——鞍座锚体圆弧段对应的圆心角(rad);

$F_1(t)$、$F_2(t)$——钢绞线索股试件在张拉端、锚固端的拉力(kN)。

D.4.3 将鞍座的实时夹持系数$\mu(t)$绘制成曲线图,见图D.4.3。选取有效的加载区域,得到$\mu(t)$的期望值μ,即为鞍座的综合夹持系数。

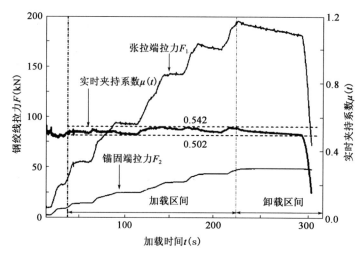

图 D.4.3 夹持系数分析图式

用 词 说 明

1 本指南执行严格程度的用词,采用下列写法:
1) 表示严格,在正常情况下均应这样做的用词,正面词采用"应",反面词采用"不应"或"不得"。
2) 表示允许稍有选择,在条件许可时首先应这样做的用词,正面词采用"宜",反面词采用"不宜"。
3) 表示有选择,在一定条件下可以这样做的用词,采用"可"。
2 引用标准的用语采用下列写法:
1) 在标准条文及其他规定中,当引用的标准为国家标准或行业标准时,应表述为"应符合《××××××》(×××)的有关规定"。
2) 当引用本指南中的其他规定时,应表述为"应符合本指南第×章的有关规定""应符合本指南第×.×节的有关规定""应按本指南第×.×.×条的有关规定执行"。